María Calabó

de niña curiosa a mujer líder

Yolanda Arroyo Pizarro

Serie Mujeres Afroboricuas 2016

Copyright 2016

© Yolanda Arroyo Pizarro y el Blog Boreales.

Cátedra de Mujeres Ancestrales y el Departamento de Estudios Afropuertorriqueñ
proyecto performático de escritura creativa dirigido por Yolanda Arroyo Pizarro

Diagramación y Portada: Yolanda Arroyo Pizarro
Arte de portada: Fotolia, Devian Art 2016
Créditos fotográficos: Zulma Oliveras Vega

Segunda Edición
8 de septiembre de 2016

Boreales
Carolina, Puerto Rico

Contactar a:
yolanda.arroyo@gmail.com
http://narrativadeyolanda.blogspot.com/

Cátedra
Mujeres
Negras
Ancestrales

Departamento de Estudios Afropuertorriqueños
proyecto performático de Escritura Creativa dirigido por Yolanda Arroyo Pizarro

María Calabó

de niña curiosa a mujer líder

María Esther Ramos Rosado nació en Río Piedras, Puerto Rico el 31 de mayo de 1953 durante una mañana musical.

Recuerda su linda mamita de nombre Sara Rosado, que de chica su hija le decía constantemente: "Mami, yo camino bailando".

María Esther se refería a que antes, durante y después de gatear, si escuchaba música por la radiola, su cuerpecito de bailarina innata no podía evitar moverse al son. Y se movía. Se movía divinamente con giros y danzas esplendorosas, haciendo reír a abuelos, tíos, tías y primos.

Entonces, María Esther aprendió a caminar y en efecto, ya de pie y en pleno control de su cuerpo erguido, se mecía al ritmo de lo que sus oídos traducían como la actividad más maravillosa del planeta.

Su cariñoso papito, Benjamín Ramos, siempre traía a la casa discos de vinilo y unas cintas enrolladas a las que llamaban "eight-tracks". Estas cintas contenían ritmos musicales del Caribe, de Latinoamérica y de África. A María Esther le fascinaba escucharlos por horas.

Pero si por alguna razón no se ponía música ese día en la casa, María Esther caminaba hasta el bar de Ruma en el barrio Jurutungo, muy cerca de la casa donde vivía, y allí se paraba frente a la vellonera a bailar toda la tarde.

En una ocasión, cuando apenas tenía tres años, su padre, cansado de sus escapadas de niña traviesa y curiosa, la fue a buscar. El bar quedaba al final de la barriada, en el sector conocido como El Relincho, casi en medio de una hondonada profunda ya que había que bajar una cuesta.

Papito Benjamin recuerda haber pensado:

"En el fondo del caño hay una negrita…".

Al llegar al bar de Ruma, allí encontró bailoteando a su hija. Algo molesto, pero risueño, le gritó:

—Coja pa' arriba, diantre de muchacha *desinquieta*, y no jeringue más.

Y María Esther se regresó bailando.

Cuando en la escuela le enseñaron a escribir lo que eran los trazos, las vocales y las consonantes, María Esther recuerda haberle preguntado a la maestra:

—¿Cómo le pongo música adentro a las palabras?

La maestra, muy comprensiva, le dio un fuerte abrazo y le dijo:

—Eso se logra después, Marie. Con el tiempo aprenderás a escribir música.

Y así fue. Con el tiempo Marie, como cariñosamente la llamaban todos, aprendió a escribir música, a sacarle música a los instrumentos, a llamarlos por sus distintos nombres y hasta aprendió algo más.

En su casa Marie aprendió desde chica lo que era investigar. Leía todos los libros que encontraba.

Por eso dio con "Tun tún de pasa y grifería" del autor Luis Palés Matos, publicado en 1937. Este se convirtió en uno de los libros favoritos de Marie.

Dentro del libro de Palés, Marie conoció un poema titulado <u>Danza</u>

negra, que tenía un verso mágico y musical "Calabó y bambú", frase que evocaba algo así como un coloquio afro-antillano.

A Marie le encantaba recitar día y noche aquel poema. Se la pasaba versando:

Calabó y bambú.
Bambú y calabó.
El Gran Cocoroco dice:
tu-cu-tú.
La Gran Cocoroca dice:

to-co-tó.
Es el sol de hierro que arde en
Tombuctú.
Es la danza negra de
Fernando Póo.
El cerdo en el fango gruñe:
pru-pru-prú.
El sapo en la charca sueña:
cro-cro-cró.
Calabó y bambú.
Bambú y calabó.

Marie descubrió una tarde que recitar los primeros versos le daba mayor fuerza y mayor confianza. Se sentía vigorosa y valiente. A veces, mientras recitaba a Palés, bailaba y bailaba sin parar.

En una ocasión se sentó en la silla del salón de belleza a donde su madre la llevaba. Como cada tres meses, le alisarían sus risos con una crema química que le ardía mucho en la cabeza.

Ese día sintió miedo. Miedo y luego coraje. Hasta que dijo en voz alta:

—*Calabó y bambú.*
Bambú y calabó. Yo no me
aliso más, mamá.

Se bajó corriendo de
la silla y fue a tener de
nuevo frente a la vellonera
de Ruma. Allí la encontró
otra vez su papito
bailando. Benjamin se
puso furioso, la tomó del
brazo y vociferó:

—Con que ahora no te
quieres alaciar ese pelo
malo y feo. Las muchachas

que se dejan el afro no son limpias. Son cochinas, Marie. Tienes que respetar. Tú ya tienes doce años. ¡Así no vas a mejorar la raza!

Marie, por toda respuesta abrazó a su padre, y con ese gesto de comprensión le hizo entender lo equivocado que estaba al decirle:

—Mi raza no necesita ser mejorada, papito. Ya es la mejor.

Le dio un beso en la mejilla, muy cariñosamente, y luego de decir las palabras mágicas:

—*Calabó y bambú. Bambú y calabó.*

Añadió:

—Te amo papá, pero a mí ya me nació la conciencia.

Y fue a partir de ahí, de su conciencia, que

Marie no solo demostró cuánto amaba la música y sus raíces, sino que también demostró cómo amaba la cultura.

Era fanática de los teatreros Idalia Pérez Garay, Moncho Conde y Fernando Aguilú, personalidades que se habían graduado de la escuela en la que ella estudiaba el undécimo grado, la Escuela Superior Juan Ponce de León en el

barrio San José de Río
Piedras.

Marie además, al salir
de clases, iba por las calles
de la barriada
cuestionándole a la gente
sobre sus antepasados.

— ¿Cómo se llamaba
tu abuela? —preguntaba
llena de curiosidad y gozo
extremo a la verdulera de
la esquina. La verdulera le
contestaba:

—Mi abuela se llamó Miguelina y fue una esclava rebelde que aprendió a leer y a escribir a escondidas.

—¿Cuál fue la profesión de tu bisabuela?— inquiría Marie al piragüero, quien orgullosamente le decía:

—Mi bisabuela fue una esclava coartada. Ella misma compró su libertad y luego trabajó muchos

años para comprar la
libertad de su esposo y sus
cinco hermanos.

—¿En qué año nació
tu tatarabuela?— indagaba
a la doctora cuando la
llevaban al dispensario. La
doctora que la atendía,
una mulata con el pelo
lacio y muy risueña, le
contestaba:

—Mi tatarabuela fue
una esclava bozal traída de
Ghana. Hablaba español,

holandés y francés. De ella aprendimos en mi familia recetas africanas que todavía en días de fiestas confeccionamos.

Muchas veces Marie componía canciones con aquellas hermosas historias que sus amigos y vecinos le contaban.

Una tarde de octubre, Marie escuchó a su maestro de Estudios Sociales invitar a los

estudiantes a que crearan
versos de poesía
"negroide".

Marie sabía, por sus
investigaciones, que aquel
término estaba incorrecto.
Decir la palabra
"negroide" se parecía
mucho al término ofensivo
"mongoloide". Ella sabía
que aunque era correcto
decirle a alguien
"intelectual", era
incorrecto sin embargo
decirle "intelectualoide".

Aquello último era incluso un insulto.

Marie hizo la prueba con otra palabra. Así como estaba correcto llamarle a una persona "humano", no era adecuado señalarlo como "humanoide". Entonces, la terminación "oide" no debería referirse nunca a la negritud. Marie sabía que lo negro era hermoso; que lo negro era bueno. No era algo inferior.

Se dijo a sí misma: "Si nunca usamos la palabra *blancoide,* debe ser incorrecto entonces usar la palabra *negroide.* Es así de sencillo".

Reunió a un grupo de estudiantes en su escuela y decidió que era hora de que le explicaran todos juntos este error al maestro.

Aunque en principio el maestro se sintió avergonzado por el error, aceptó de buena gana hacer la corrección y no decirlo más.

Ese mismo día Marie decidió fundar, con los estudiantes, un grupo musical al que bautizó: Calabó. Por eso, a partir de ese momento, todo el mundo la conoció con mucha ternura como Marie la de Calabó, o María Calabó.

Mamita Sara, observando cuidadosamente lo curiosa que era su hija, y lo emprendedora que demostraba ser para dirigir y liderar grupos, un día le preguntó:

—Marie, ¿a qué te vas a dedicar cuando seas grande?

—Yo ya soy grande, mamita. Voy a seguir siendo lo que soy hoy: investigadora, escritora, actriz, declamadora y bailadora. Pero cuando me gradúe de la Universidad de Puerto Rico, Recinto de Río Piedras, seré también conferenciante, locutora radial y profesora de español y literatura.

Su madre, asombrada por tanta tenacidad, la abrazó y le dijo: "Así será, hija mía. Serás todo eso y más."

Citas memorables de la
Dra. Marie Ramos Rosado

«Se nos ha educado para negar todas las aportaciones africanas que existen en la cultura puertorriqueña».

«En ese tiempo tocamos el tema de Adolfina Villanueva; de ese modo la bomba, el baile, era un frente. El objetivo era proponer el reto político. Así

Calabó dejó de ser folclore y pasó a ser activismo».

«Se nos ha enseñado una historia mitificada del opresor con el propósito de fomentar el blanqueamiento cultural de tal manera que admiremos más al colonizador y despreciemos al oprimido».

«Hay que educar desde la conciencia de las minorías».

«La negritud daba trabajo sacarla de la boca, nadie quería hablar de ello. Aún hoy tenemos ese reto; impulsar un diálogo más amplio acerca de la negritud».

«Ha habido un problema en cómo se ha promovido la

negritud como fealdad, como criminalidad, siempre como algo malo. Cuando la negritud sale se le asocia con cosas feas».

«Cuando se habla de la puertorriqueñidad, siempre es sobre los blancos; el elemento negro no se discute como parte de la identidad».

«He visto intelectuales defendiendo la negritud, pero utilizando términos que degradan la negritud».

Biografía actual

María Esther Ramos Rosado ha logrado todos sus sueños y mucho más. Ha sido investigadora, escritora, actriz, declamadora y bailarina. Además, ha sido conferenciante, locutora radial y profesora de español y literatura. Estudió en la Universidad de Puerto Rico, Recinto de Río Piedras un doctorado en Filosofía y Letras del Departamento de Estudios Hispánicos con especialidad en Literatura Puertorriqueña.

Ha realizado innumerables investigaciones en el campo cultural, poniendo atención al mestizaje cultural étnico, la cuestión de género y la clase económica. Fundó y dirigió el Grupo de Bomba y Plena Calabó

(1979-2004).También fue productora y animadora del programa radial Salsifolclor (1995-2000) y Carifesta (2000-2007), por Radio Universidad de Puerto Rico. Es líder y gestora cultural. En la actualidad brinda la única clase de su tipo en la Universidad de Puerto Rico sobre el papel de la mujer negra en la literatura del país. Ha representado a Puerto Rico en importantes festivales culturales y literarios, y ha recibido múltiples honores y reconocimientos, entre ellos: Medalla UNESCO (2002), Pergamino por las Destacadas Ejecutorias para el Avance de las Artes y las Humanidades en la UPR de Río Piedras (2001), Resolución Gobierno Autónomo de Ponce (2000), Placa en el Campo de la Investigación Literaria, III Feria Internacional del Libro (1999) y otros. Entre sus publicaciones se encuentran: *La Mujer Negra en la Literatura Puertorriqueña: Cuentística de los Setenta* (Editorial de la Universidad de Puerto Rico, ICP y Editorial Cultural, 1999); *Destellos de la negritud: Investigaciones caribeñas* (Isla Negra Editores, 2011). Es líder, vocal y mentora de muchos hombres y mujeres que se acercan a ella indagando para encontrar sus raíces y buscando que les nazca la conciencia. Entre esas personas figura una estudiante que la idolatra, la escritora Yolanda Arroyo Pizarro.

Fotos de su niñez y juventud

*Las fotografías han sido
suministradas por la Dra. Marie
Ramos Rosado y provienen de su
archivo personal.*

Textos consultados:

Marie Ramos Rosado y la lucha de la mujer negra. Revista Dominical de *El Post Antillano*. Febrero de 2015

Escribo bailando: desde el performance a la academia. Capítulo del libro *Destellos de la negritud: Investigaciones caribeñas.* Autora Marie Ramos Rosado. Isla Negra Editores, 2011

Entrevista a la escritora Dra. María Esther Ramos Rosado por Yolanda Arroyo Pizarro. Transcripción. Marzo de 2016

Próximas mujeres incluidas en los títulos de la
Serie Mujeres Afroboricuas 2016

Celestina Cordero
Sylvia del Villard
Victoria Espinoza
Lucecita Benítez
Ruth Fernández
Pura Belpré
Choco Orta
Ada Verdejo
Marilú Franco
María Reinat
Mayra Santos Febres
Ana Irma Rivera Lassen
Marta Moreno Vega
María Elba Torres

Made in the USA
Middletown, DE
15 March 2023

26803873R00029